AF224268

LE
MAIRE DE VILLAGE

CAUSERIE VILLAGEOISE

LA RÉPUBLIQUE

L'AIR ET LA CHANSON

CHANSONS

LE POÈTE ET LA VIOLETTE

Par Émile GUY

MARSEILLE

IMPRIMERIE ET LITHOGRAPHIE SENÉS

Rue Montgrand, 36.

OUVRAGES DU MÊME AUTEUR.

Odes Patriotiques.

Odes et Chansons Républicaines.

La Tour de Babel.

Les Pèlerinages.

Le Doigt dans l'Œil.

Le Prisonnier ou *Poésies d'un Prévenu.*

La Mer ou *Poésies d'un Marin.*

Le Palanquin du Diable, poème badin.

Hylas ou *le Poison d'Amour*, conte en vers.

Heures de Loisir.

Les Bucoliques de Virgile, traduites en vers français.

Le Mal Marié, comédie.

La Mort de Chilpéric, tragédie.

David Rothsay ou *la Tour de Falkland*, tragédie.

LE MAIRE DE VILLAGE

CAUSERIE VILLAGEOISE.

—

BAPTISTIN. — Encore au travail, père Mathieu !

MATHIEU. — Oh, un bout de houlière seulement, et j'ai fini.

BAPTISTIN. — Et vous ne craignez pas d'être damné ?

MATHIEU. — D'être damné !

BAPTISTIN, — Eh oui, en travaillant, le dimanche.

MATHIEU. — Mon fils, quand j'ai quelque chose à faire, je ne regarde pas au jour de la semaine. Ils sont tous pareils pour moi; même le vendredi, dont les superstitieux font un mauvais jour., les nigauds ! comme si le malheur, lui, quand il vous tombe dessus, choisissait un jour plutôt qu'un autre.

BAPTISTIN. — Pour ça, c'est vrai. Mais Monsieur le Curé prétend que c'est un gros péché de travailler, le dimanche.

MATHIEU. — Le Curé a son opinion, mon bon, et moi, j'ai la mienne. Chacun la sienne. En fait de ça, je ne donne à personne le droit de me commander. Pourquoi veux-tu que le bon Dieu se fâche de me voir au travail, ce matin, parce que c'est dimanche ? Est-ce que c'est pas lui qui a fait du travail une loi pour tous? Qu'on se repose, un jour sur sept, je ne vois pas de mal à ça : du repos, il en faut ; c'est la nature qui le veut. Mais si j'ai pas envie de me reposer ou

si j'ai un travail à finir, je n'entends pas que qui que
ce soit vienne me dire « Tu te reposeras, quand
même », parce que c'est un dimanche ou un jour
de fête.

BAPTISTIN. — Toujours le même, père Mathieu.

MATHIEU. — Je suis comme ça, mon bon ; on ne
me refera pas. La liberté avant tout, et liberté pour
tous. Comme l'a dit Béranger, dans une de ses chansons,

> Qu'on puisse aller même à la messe :
> Ainsi le veut la liberté.

Mais laissons ça. Je te disais bien, l'autre jour,
qu'ils se mettent le doigt dans l'œil, à tout coup, nos
Monarchiens. Tu ne sais pas ce qu'ils nous mijotent,
à présent?

BAPTISTIN. — Quoi donc ?

MATHIEU. — Eh bien, j'ai lu, hier soir, dans la
bonne petite feuille de *Jean-Pierre-André*, qu'ils nous
font une nouvelle *loi sur les Maires*, qui sera aussi im-
populaire que les autres.

BAPTISTIN. — Bah !

MATHIEU. — Oui, mon bon. Ça les agace de voir à
la tête des communes tant de maires républicains, et
ils sont en train de défaire ce qu'ils ont fait eux-mê-
mes. Tous ces beaux messieurs qui en 70 et en 71,
criaient par-dessus les toits : « Vive la décentralisation », ces Royalistes à tous crins, les Decazes, les
Baragnon, les Larcy et tant d'autres, qui réclamaient
naguère, à outrance, l'émancipation de la Commune
et du Département, et qui, le lendemain du 8 février,

chantaient sur tous les tons les louanges du Suffrage universel, aujourd'hui, ils virent de bord et tombent à bras raccourcis sur ce pauvre Suffrage et sur la décentralisation.

BAPTISTIN. — Alors, ils font comme les *girouettes*; ils tournent à tout vent.

MATHIEU. — Tu l'as dit, mon bon. Leur intérêt, voilà leur seul guide. Passer du blanc au noir; bâtir, le matin, démolir, le soir : pure bagatelle. Ils n'y regardent pas de si près. S'ils avaient souci de l'opinion publique, est-ce qu'ils hésiteraient à céder la place à d'autres Députés, qui nous constitueraient enfin un gouvernement solide, une bonne RÉPUBLIQUE, quoi! puisque (toutes les élections le prouvent) c'est la République que veut la grande majorité du pays.

BAPTISTIN. — Et, au lieu de ça, voilà qu'ils nous font une nouvelle loi sur les Maires !

MATHIEU. — Oui. Les Maires étaient élus par les Conseillers Municipaux, sauf dans les villes importantes, où, encore, le Gouvernement les prenait parmi les Conseillers ; désormais, ils seront tous, de la plus petite commune à la plus grande, nommés par le Gouvernement, qui pourra même, si ça lui plaît, les prendre en dehors du Conseil Municipal.

BAPTISTIN. — Ah, par exemple; c'est raide, ça.

MATHIEU. — Oui, mon bon. Nous nous figurions, nous autres badauds, qu'un MAIRE DE VILLAGE, (pour ne parler que de nous,) c'était tout bonnement un magistrat choisi parmi les plus dignes citoyens, chargé d'administrer les affaires de la Commune, avec l'appui et le contrôle des Conseillers, ne devant avoir à cœur que les intérêts et les vœux de ses administrés, s'occupant surtout d'améliorer les chemins ou d'en faire ouvrir de nouveaux. Il paraît que nous nous trompions grossièrement. Un Maire, d'après la nouvelle doctrine de centralisation ou de compression, (comme on voudra dire,) ce serait une créature du préfet ou du ministre, un agent nommé exprès pour tâcher de faire réussir les candidats appuyés par le Gouvernement, et pour établir, à tout prix, ce que nos réactionnaires appellent *l'ordre moral*: ce qui veut dire, en bon français, travailler à la restauration d'une monarchie quelconque, et au renversement de notre République, qui les chiffonne singulièrement.

BAPTISTIN. — Et vous pensez qu'ils réussiront, père Mathieu.

MATHIEU. — Ils réussiront tout simplement à s'aliéner de plus en plus les populations et à mettre la discorde au sein des communes, au risque de nous faire aboutir, de culbute en culbute, à quelque catastrophe.

BAPTISTIN. — Dieu nous en garde! Les affaires ne vont pas déjà si bien.

MATHIEU. — Je ne le désire pas plus que toi, mon fils ; mais je crains bien que ça finisse par là, s'ils pressent trop sur la détente. Enfin, qui vivra verra. La République a la vie dure: j'ai toujours espoir que, cette fois, elle sortira triomphante des épreuves qu'elle subit.

BAPTISTIN. — Le bon Dieu vous entende !

Roquevaire, 21 décembre 1873.

LA RÉPUBLIQUE

Air : *Allons, Glycère.*

—

Par l'ignorance et la misère,
Le trône, appuyé sur l'autel,
En vain croit maintenir la terre
Dans un esclavage éternel.
    O République
    Démocratique,
    Dans l'univers
De tous les peuples rompts les fers.
    En biens féconde,
    Reine du monde,
    Assure enfin
Paix et bonheur au genre humain.

Tyrans, votre règne s'achève,
Règne d'injustice et d'orgueil.
C'est la *Liberté* qui se lève :
Royauté, descends au cercueil.
    O République, etc.

L'ombre fait place à la lumière ;
La Vérité sort du tombeau.
Partout, dans sa noble carrière,
Elle va porter son flambeau.
    O République, etc.

Abus et préjugés gothiques,
Disparaissez, et pour jamais.

A tes conquêtes pacifiques
Marche sans entrave, ô Progrès.
    O République, etc.

Sainte Justice, applique, austère,
L'*égalité* devant la loi ;
Chasse la discorde et la guerre
Loin des états du Peuple roi.
    O République, etc.

Qu'une *fraternité* sincère
Unisse les hommes entre eux.
RÉPUBLIQUE, viens fermer l'ère
Des chocs sanglants et désastreux.
    O République, etc.

Canderic, 14 décembre 1873.

L'AIR ET LA CHANSON

AIR : *A Carpentras, comme à Paris.*

Vous vous plaignez ! me dit, un jour,
Un certain monsieur, que j'admire.
Vous avez jeté bas l'Empire ;
Vous n'avez plus ni roi ni cour. —
Oui, vraiment. De la RÉPUBLIQUE
Nous avons *le nom*, j'en conviens ;
Mais hélas ! les lois qu'on applique
Sont, toutes, *lois de Monarchiens*.

En France, on tient beaucoup à l'étiquette.
*Sans contredit, nous avons l'*AIR*. C'est bon ;*
   Mais il nous faudrait la CHANSON,
   Pour que la chose fût complète.

Quoi ! vous avez un *Président*
Et la forme républicaine ;
La Nation est souveraine :
Vous n'êtes pas encor content. —
Oui, mais ceux qu'à la Présidence
On nous a nommés jusqu'ici,
Le *provisoire* en permanence,
Voilà leur unique souci.

    En France, etc.

Du haut jusqu'en bas, au pouvoir,
Aux *places*, dans les *ministères*,
Qui trouve-t-on ? Nos adversaires.
Est-ce là ce qu'on devrait voir ?
Frappe-t-on quelque journaliste,
Les républicains ont les coups ;
Quant à *la presse royaliste*,
Nos préfets lui font les yeux doux.

    En France, etc.

Quel est le vœu que le pays
Manifeste par le suffrage ?
C'est, au plus tôt et sans ambage,
Un gouvernement bien assis.
Membres d'un sénat monarchique,
Par d'autres députés élus

Laissez fonder la République,
Puisque des rois on ne veut plus.

En France. etc.

Canderic, 16 décembre 1873.

LE POÈTE ET LA VIOLETTE

En vain, au sein des bois,
Ou, parfois,
Dans quelque recoin de muraille,
Tu te dérobes à mes yeux
Curieux,
Dans le vert sombre ou la grisaille,
Charmante fleur :
O violette,
Ta suave odeur
Trahit ta retraite.

Dans un ermitage ignoré
Retiré,
Amant de l'agreste nature,
Parmi les fruits et la verdure,
Rien moins qu'ambitieux,
Vivant dans le calme et l'étude,
Comme toi, dans la solitude

Je suis heureux,
O violette ;
Et mes champs et ma maisonnette
Suffisent à mes humbles vœux.

Aux yeux du modeste poète
Philosophe et content de peu,
Tous ces biens qu'avec tant de feu
Recherche une foule inquiète,
Folle gloire, richesse, honneurs
Et fougueux plaisirs éphémères,
Que sont-ils ? De fausses lueurs,
Des illusions mensongères.
Des jouissances passagères,
De vains bruits, de brillants hochets,
Qui du Destin sont les jouets.

Mieux vaut notre retraite,
Aimable violette ;
Mieux vaut notre gazon ;
Et la simple maison
Où je passe ma vie
A l'abri de l'envie,
Bien mieux qne les palais
Regorgeant de valets,
M'offre une riante demeure
Où l'heure
Coule rapide et sans regrets.

Parcourez et la terre et l'onde,
Vous que le prestige du monde

Éblouit,
(Éclair, qui dans la nuit profonde
Soudain s'évanouit).
Poursuivez, à votre aise,
Dans votre ambitieuse ardeur,
Un fantôme trompeur
Et l'ombre du bonheur.
Moi, (ne vous en déplaise,)
Dédaignant des cités
Les charmes tant vantés,
Caché dans mon humble ermitage,
C'est de l'existence du sage
Que, loin de vos bruyants séjours,
Où d'un vain orgueil on s'enivre,
Joyeux et libre, je veux vivre ;
Et j'y prétends finir mes jours,
Au déclin de mon âge, heureux si tu m'animes,
O souffle inspirateur
A qui je dois ces rimes
Où s'épanche mon cœur.

Canderic, 17 décembre 1873.